MÉMOIRE

JUSTIFICATIF,

DE JOSEPH - PAUL - AUGUSTIN CAMBEFORT, *Colonel du Régiment du Cap* ;

COMMUN

A ANNE-LOUIS TOUSARD, *Lieutenant-Colonel*, à tous les Officiers Sous-Officiers & Soldats du même Régiment, déportés de Saint-Domingue, par ordre des Commissaires Civils, délégués par le Pouvoir-Exécutif aux Isles-Françaises de l'Amérique-sous-le-vent.

Civis, amicus, cunctis officiis æquabilis, opum contemptor, recti pervicax, constans adversùs metus. TACIT. Hist.

Citoyen, ami, fidèle à tous ses devoirs, méprisant les richesses, inflexible dans le bien, inaccessible à la crainte. *Trad. d'ALEM.*

1793.

Les pieces citées dans ce Mémoire font dépofées au Comité colonial. Je n'ai pas le temps de les faire imprimer dans ce moment-ci, elles feront l'objet d'une quatrième partie

MÉMOIRE
JUSTIFICATIF,

De Jos.-Paul-Augustin CAMBEFORT, Colonel du Régiment du Cap ;

COMMUN

A Anne-Louis TOUSARD, Lieutenant-Colonel, à tous les Officiers, Sous-Officiers, & Soldats du même Régiment, déportés de Saint-Domingue, par ordre des Commissaires Civils, délégués par le Pouvoir-Exécutif aux Isles Françaises de l'Amérique-sous-le-vent.

Les malheurs de Saint-Domingue ont été portés à leur comble. Cette florissante Colonie a vu ses plus belles provinces dévastées, ses plantations, ses nombreux bâtimens livrés aux flammes ; une grande partie de ses habitans égorgés ou livrés à un esclavage pire que la mort ; ses cultivateurs, naguères heureux &

A ij

paifibles, transformés en affaffins, en incen-diaires; fon commerce & fes rapports avec la métropole anéantis; & maintenant elle fe voit au pouvoir d'une faction d'autant plus redoutable, qu'elle a fini par fe couvrir du manteau des loix qu'elle avoit d'abord re-jettées.

C'eft elle qui, non contente d'être parvenue à éloigner de cette Ifle fes plus courageux dé-fenfeurs & les plus intéreffés à fon falut, ôfe encore les accufer au tribunal des Repréfentans de la France de fes propres crimes.

Six années de travaux militaires à Saint-Domingue, une activité continuelle, un zèle infatigable, des facrifices immenfes, des dan-gers fans ceffe renaiffans, des combats & des victoires, ne m'ont pas mis à l'abri d'une dé-nonciation publique, & le dirai-je? des fers deftinés au crime!

Sous les rapports de Commandant de la place du Cap, pendant quatre ans & à plufieurs reprifes par *interim* de la partie du Nord, j'ai fortement contribué à conferver à la France cette Colonie, malgré les efforts des Factieux qui vouloient la féparer de la Mère-Patrie. J'ai réprimé la fureur des efclaves révoltés qui vouloient une fubverfion totale; J'ai fouftrait les propriétaires au fer des affaffins, & l'on m'accufe d'avoir agi de concert avec les révoltés, pour favorifer des projets contre-révolutionnaires !

La voix publique recommandoit mon nom à la renommée & ma perfonne à la reconnoiffance de tous les bons citoyens : j'ai joui de cette délicieufe récompenfe pendant plufieurs années, & en moins de quinze jours, des factieux, dont j'avois tant de fois réprimé l'ambition & les projets funeftes, font parvenus à foulever contre moi quelques citoyens égarés, une partie des troupes nouvellement arrivées dans la Colonie ; & les Commiffaires nationaux qui, plutôt fubjugués que convaincus, n'ont fuivi que des impulfions étrangères, en me dénonçant aux fondateurs de la liberté de ma patrie.

Pendant tout le cours de la révolution j'ai conftamment été l'homme du peuple, celui à qui tous les hommages populaires ont été prodiguées ; mes preuves écrites à cet égard commencent en 1789, & finiffent à l'époque de mon embarquement. [1]

Avant d'entrer dans le détail des faits &

---

[1] Voyez les pieces 3, 4, 5, 6, 7, 8 & 8 bis.

des réflexions qu'ils font naître, il est à la fois douloureux & consolant pour moi d'avoir à déclarer que cette défense est commune à tous les compagnons de mes travaux militaires, & de mon infortune présente, au citoyen Toufard, Lieutenant-Colonel, à tous les Officiers, Sous-Officiers & Soldats du brave & incorruptible Régiment du Cap.

Les faits se classent naturellement en deux parties.

La premiere contiendra sommairement ce qui s'est passé dans la Colonie avant l'arrivée des nouveaux Commissaires.

La seconde indiquera les causes des désordres arrivés au Cap, le 19 octobre 1792, & les événemens de cette journée.

Je terminerai par quelques réflexions résultantes des faits, & de la lettre des Commissaires à la Convention Nationale.

Je ne remplirois ce plan que d'une maniere imparfaite, si je n'indiquois d'abord le principe des mouvemens révolutionnaires de Saint-Domingue & les divers intérêts qui divisent ses habitans.

Dès que la révolution de la Mere-Patrie s'y fit sentir, on apperçut le germe d'une faction qui tendoit à faire scission avec la Métropole, en se couvrant du masque de la liberté. Cette faction a soufflée son esprit à l'assemblée générale de la partie françoise de Saint-Domingue, nommée communément, *assemblée de Saint-Marc*, dont quatre-vingt-cinq membres arrêtés dans leurs entreprises par le pouvoir exécutif, comme réfractaires aux décrets nationaux, se sont emparés du vaisseau le *Léopard*, pour se rendre en France, où ils ont été retenus long-temps à la suite de l'assemblée constituante & *jugés par elle.*

Cette faction s'étoit signalée dès son origine, par sa haine contre l'ordre public & les agens chargés de le maintenir. De-là, son opposition constante aux intentions, & aux démarches du pouvoir exécutif; de-là, l'assassinat du Colonel Mauduit & de plusieurs autres, tandis que les propriétaires, les négocians & tous ceux qui avoient quelque chose à perdre se rallioient autour des dépositaires des forces coloniales.

Pendant que cette assemblée de St. Marc travailloit à se rendre indépendante, elle agissoit en sens contraire pour aggraver le sort des gens de couleur. De-là sont nés les chocs violens entre les citoyens de couleur libres & les blancs; entre les esclaves & la majorité des citoyens blancs.

Les agens du pouvoir exécutif cherchèrent à modérer la chaleur des différens partis, en attendant que les législateurs de la France leur dictassent la marche qu'ils devoient suivre.

De-là la haîne des uns & des autres contre tous les agens du pouvoir exécutif, qui étoient appuyés par la grande masse des citoyens sans ambition, dont les propriétés se trouvoient protégées par le maintien de l'ordre public.

Cependant les gens de couleur libres & les esclaves révoltés attendoient, avec une égale impatience, les décrets de l'assemblée consti- tuante. Les uns & les autres espéroient qu'en vertu de *la déclaration des droits de l'homme*, ils seroient rétablis dans les droits primitifs qu'elle leur a fait connoître, & soustraits à la fois à la tyrannie de l'assemblée coloniale, & à la surveillance du pouvoir exécutif.

Ainsi les factieux qui opprimoient la Colonie, & les hommes qui vouloient la bouleverser, pour assurer le succès de leurs vues respectives, ennemis implacables les uns des autres, s'ac- cordoient néanmoins dans la haîne qu'ils por- toient à l'autorité active qui cherchoit à les contenir dans les bornes des décrets.

On dit que les négres révoltés ont adoptés tous les signes du Royalisme, qu'ils invoquent la Royauté & la Contre-révolution. On ** qu'ils regardent les chefs militaires comme leur appui.

Ces faits font vrais en partie ; mais les conféquences qu'on en tire font fauffes. Si les négres portent des couleurs contre-revolutionnaires , s'ils invoquent un pouvoir qui n'eft plus , c'eft parce que les autorités civiles & militaires, qui les combattent , portent les couleurs patriotiques , & parce que avant la révolution du 10 août , la déclaration des droits & tous les décrets favorables à la liberté *étoient revêtus de la fanction Royale;* c'eft enfin parce qu'ils croient ou qu'ils feignent de croire que tous les agens de l'autorité dans la Colonie fe trouvent à leur égard en oppofition avec la volonté nationale, exprimée dans la ci-devant Conftitution. Je joindrai à ce Mémoire deux pieces originales, qui jetteront fur ces importantes vérités une lumiere irréfiftible. [1]

C'eft en fe dirigeant dans le même fens qu'on a vu les Chefs des révoltés fe profterner aux pieds des premiers Commiffaires, à la tête defquels étoit le citoyen Mirbeck, tandis qu'ils n'ont jamais donné la plus légere marque de

---

[1] Voyez les pieces cotées 1 & 2.

confidération aux Chefs civils & militaires de la Colonie.

Ces obfervations préliminaires rendront plus facile l'intelligence des faits, dont je vais enfin commencer le récit ; & elles répondent d'avance aux abfurdes calomnies fuggérées aux nouveaux Commiffaires , & tranfmifes par eux à la Convention nationale.

PREMIERE PARTIE.

Faits antérieurs à l'arrivée des Commissaires actuels.

Au moment de la révolte des négres, je fus fait Major-Général; cette charge donna une grande étendue à mes fonctions. Je proposai à l'Assemblée Provinciale de faire palissader la ville du Cap, pour couper toute communication entre les négres de la ville & les révoltés, ce qui fut adopté.

Je n'entrerai point dans le détail de toutes les attaques que j'ai livrées aux brigands; par tout je les ai battus : je citerai seulement quelques actions brillantes [1], telles que mon passage de la Riviere-Salée, après avoir emporté le poste redoutable du Morne-aux-Anglais, où mon Maître-d'hôtel reçut une balle dans la jambe, à mes côtés.

La Campagne de l'Acul, qui dura onze jours, dans laquelle je tuai Boukmann, fameux Chef des révoltés, affaire où je fus coupé & prêt à

____

[1] Voyez les pieces 9, 10 & 11.

choifir d'être pris ou de périr de ma propre main [1]. Cette action, dont le début n'avoit pas été favorable, fe termina glorieufement, par les manœuvres hardies que je fis faire à mon détachement, compofé de cent cinquante dragons, contre plus de quinze à feize cents négres, dont il fut détruit un très-grand nombre : je leur pris auffi trois pieces de canon & un obufier.

Parti le même jour à minuit, j'enlevai, au point du jour, la Coupe-à-David & plufieurs autres camps; je rejoignis Drozain qui attaquoit, par le Limbé, ce pofte naturellement fortifié par fa pofition & fa hauteur.

Je ne puis paffer fous filence la Campagne de Toufard au Limbé [2]. Elle a arraché aux brigands plus de cent cinquante femmes, vieillards & enfans, blancs & de couleur, qu'ils tenoient prifonniers, & quinze pieces de canon; rendu à la province du Nord une Paroiffe entiere & quatre cents hommes de couleur & négres libres, qui depuis ont fait caufe commune avec les blancs.

L'attaque que j'ai fait au Grand-Boucan,

____

[1] Voyez les pièces 9, 10 & 11.
(2) Voyez la piece 38.

où tous les brigands sembloient s'être réunis pour faire une vigoureuse résistance, sera à jamais mémorable dans la Colonie. Les troupes patriotiques & de Ligne excitées par mon exemple, celui de la Maronniere & de Poitou, capitaines au Régiment, y ont fait des prodiges de valeur pendant l'attaque, l'enlevement & la destruction des postes. A la premiere décharge j'eus dix-sept hommes tués ou blessés, dont un tomba dans mes bras, au moment où je ralliois un peloton un peu étonné de ce début. Je fis ma retraite devant plus de six mille brigands avec les deux cents cinquante hommes que j'avois obtenu, quoiqu'on m'en eût promis neuf cents.

L'attaque de la Pointe-à-Durand, que j'avois combinée par terre & par mer, étoit d'une grande utilité pour la ville du Cap. La municipalité me promit six cents hommes & ne m'en donna qu'environ deux cents. Il me fut impossible de l'exécuter. Je fus contraint de me borner à enlever à Bel-Air, dans le Morne du Cap, onze camps en amphithéâtre & trois pierriers [1].

Cette expédition donna lieu aux réflexions

____

(1) Voyez la piece 12.

des braves foldats des quinzieme & foixante-treizieme Régimens, qu'on avoit cherché à corrompre & à indifpofer contre moi ; ils dirent publiquement : « On ofe accufer notre » général d'intelligences avec les brigands, » tandis qu'il eft le premier à effuyer leur » feu, tandis qu'il les attaque avec achar-» nement, tandis que pas un de nous ne » s'expofe autant dans les combats ».

Lorfque je prodiguois ainfi les jours de mes camarades & les miens, pour le falut de la colonie, les factieux empoifonnoient déjà mes intentions. Je favois tout ; je contins mon indignation, & n'en devins que plus entre-prenant.

En effet, il eft notoire au Cap que chaque fois qu'on m'avertit la nuit que les poftes fur lefquels repofoient la fûreté de la ville, venoient d'être attaqués ou pris, je m'y portai fur-le-champ, ne prenant avec moi qu'un petit nombre de foldats, & fans at-tendre ni demander des ordres fupérieurs, dans la crainte d'occafionner des allarmes, que le danger ne me paroiffoit pas juftifier. Dans toutes ces occafions j'ai repouffé les brigands, ou repris les poftes dont ils s'étoient emparés.

C'eft ainfi que je répondois à mes calomniateurs. Je dois ajouter que j'ai toujours fait la guerre à mes frais ; que je n'ai jamais voulu recevoir de chevaux de la Colonie; que je ne me suis pas fait payer ma table comme Général ; que j'ai salarié, de ma bourse mes espions; en un mot, que je n'ai jamais présenté aucun compte de dépense.

Tandis que le Lieutenant-Colonel Tousard & moi combattions les négres révoltés , nous protégions de toutes nos forces , de toute notre influence, les gens de couleur libres , opprimés par les factieux.

C'est cette protection que nous leur avons accordée, [1] non dans les vues qui nous sont attribuées par les Commissaires , mais par devoir & par principes de justice & d'humanité qui m'a plusieurs fois exposé à des périls imminens.

Le 25 août 1791 , nous avons couru les plus grands dangers, le Général & moi , pour arracher des mains des blancs , qui les massacroient , les hommes de couleur du Cap, dont dix-sept étoient déjà victimes de leur rage , & que les balles & le fer poursuivoient jusques dans les bras de leurs femmes & de leurs enfans.

[1] Voyez les pieces 16, 17, 18 & 19.

Le 14 août 1792 , après avoir sollicité la réquisition de la Municipalité , je me portai , avec les grenadiers & chasseurs du Régiment, au milieu des deux partis ; je les séparai , & j'empêchai les blancs de se porter aux Cazernes des hommes de couleur, dont ils avoient juré le massacre général. [1]

Si l'on observe que ce jour est *antérieur d'un mois seulement* à l'arrivée des Commissaires , l'on concevra facilement que venant de déjouer, pour la seconde fois, un des projets les plus sinistres des Factieux , j'avois acquis un droit récent à leur haîne , à leurs calomnies, à leurs dénonciations.

J'en fus dédommagé par les remerciemens que l'Assemblée Coloniale me vota pour cette action.[2]

Ce n'est pas seulement dans les combats , c'est aussi dans les plus légers détails de ma conduite que j'ai manifesté mon civisme & mon attachement aux loix. C'est moi seul qui , dès le 19 septembre 1789 , fis prendre la cocarde, d'abord bleue & blanche , ensuite tricolore. J'en fis la premiere distribution , &

----

[1] Voyez la piece 14 & 15.
[2] Voyez la piece 15.

priai

priai ma femme de la continuer aux Officiers de la Garnison & aux Citoyens.

En janvier 1791, le Régiment a fait un don patriotique à l'Assemblée Provinciale du Nord. Il reçut en cette occasion douze cent cocardes tricolores. [1]

Ce corps s'est également distingué par ses fêtes patriotiques, & la franchise qu'il a toujours mise à fraterniser avec les troupes nationales. J'allois, ainsique les Officiers, au milieu des soldats & des citoyens, & je fermois les yeux sur les légeres infractions à la discipline militaire, occasionnées par ces mêmes fêtes. [2]

Les cravattes tricolores qui décorent nos drapeaux ont été données par les corps constitués, avec la solemnité la plus touchante, à titre de reconnoissance & de récompense de notre civisme. [3]

Aussi-tôt que je fus informé de la nouvelle organisation de l'Armée Françoise, par les décrets de l'Assemblée Constituante, j'écrivis au Général, pour l'engager à demander la for-

---

[1] Voyez la piece 2.
[2] Voyez *idem.*
[3] Voyez la piece 2.

mation conſtitutionnelle, pour le Régiment que je commandois. Cette lettre eſt du 29 mars 1791. [1] J'ai pluſieurs fois renouvellé cette demande.

L'effet que produiſit la connoiſſance du décret du 15 mai fut terrible : Il accordoit aux gens de couleur les droits politiques. Les Factieux ſe ſignalerent par leurs excès ; ces prétendus patriotes foulerent à leurs pieds la cocarde nationale, & jurerent, avec ſolemnité, de verſer juſqu'à la derniere goutte de leur ſang, plutôt que de s'y conformer. Certain alors de l'influence de mon opinion, je m'élevai contre ce procédé ſacrilége, & j'oſe dire que mon ſilence eut ſuffi, peut-être, pour rendre général le crime de quelques individus. On ſonda mes intentions ; mais je reſtai ferme, & pour réponſe, je les publiai. J'aſſurai que dans les circonſtances les plus périlleuſes, je ferois exécuter la loi, en tout ce qui dépendroit de mon autorité; & cependant cette opinion étoit alors un titre de proſcription.

Ma conſtance à croiſer les Factieux, mon infatigable application à préſerver, autant qu'il dépendoit de moi, la Colonie d'une

____

[1] Voyez la piece 22.

ſubverſion totale, allumoient de plus en plus la rage de mes ennemis [1] : ayant à leurs ordres pluſieurs feuilles périodiques, ils s'appliquerent à m'y diffamer, à m'y rendre ſuſpect aux yeux des hommes foibles, au point que ma mort & celle de pluſieurs autres furent réſolues pour le 25 ou le 26 mars 1792. J'en fus avertis, & aſſez heureux pour échapper à ce complot.

Les troubles & les malheurs augmentant chaque jour, en raiſon même des efforts que faiſoient les chefs pour les faire ceſſer, l'Aſſemblée Conſtituante, vers la fin de ſa ſeſſion, envoya pour Commiſſaires Nationaux les citoyens Mirbeck, Roume & Saint-Léger.

Le ſouvenir des agitations ſuſcitées par les *quatre-vingt-cinq*, nommés les *Léopardins*, étoit trop récent ; ils s'étoient rendus trop odieux en France, pour que les Commiſſaires ne ſe miſſent pas en garde contre leurs inſinuations : en s'appliquant, au contraire, à appuyer les meſures du pouvoir exécutif, ils firent à la fois chérir & craindre leur autorité parmi les bons citoyens, & même parmi les négres révoltés, qui leur envoyerent une députation.

____

[1] Voyez la piece 23.

Les Factieux redoutant ces rapprochemens , avant-coureu rs de la paix , redoublerent d'intrigues ; ils dirigerent leurs efforts contre les Commiffaires eux-mêmes. Ceux-ci , menacés & prêts d'être affaffinés , s'embarquerent précipitamment & revinrent en France.

Le patriotifme & la véracité de ces Commiffaires n'ont point été fufpectés ; or voici comment ils s'expriment dans leur rapport fait à l'Affemblée Légiflative :

» Une grande calamité a boulverfé la Co-
» lonie : elle eft dans une confufion horrible :
» un parti féditieux l'opprime , c'eft la fac-
» tion des *Quatre-vingt-cinq.*

» L'arrivée des *Léopardins* (les quatre-
» vingt-cinq), détruifit tout-à-coup le charme
» qui nous foutenoit & allégeoit le poids de
» nos travaux. --- Leurs manœuvres perfides,
» pour paralyfer notre miffion , avoient été
» concertées en France, par Bacon de la Che-
» valerie & fes adhérens. --- On a perfuadé
» aux efclaves révoltés que notre deffein étoit
» de les défarmer , pour les exterminer enfuite.
» C'eft ainfi qu'on les a empêchés de fe rendre.
» Nous en avons les preuves juridiques dans
» les dépofitions de ceux qui ont été arrêtés.
» --- Ici commence la guerre ouverte qui

» nous a été déclarée par l'Assemblée Coloniale,
» c'est-à-dire , par la faction des Léopardins
» qui domine cette assemblée. ---Il a été ar-
» rêté entre l'Assemblée Coloniale, les trois af-
» semblées provinciales & tous les corps po-
» pulaires qui leur sont subordonnés, que per-
» sonne ne correspondroit avec nous.

» Nous nous étions déjà concertés avec le
» Général sur la nature & l'efficacité des
» mesures à prendre, pour requérir l'emploi
» des troupes , lorsque le salut public nous
» en feroit une loi indispensable. L'Assemblée
» Coloniale a ôsé prendre sur elle de disposer
» en souveraine des secours , en les divisant
» & les subdivisant de maniere à les rendre
» nuls.

» Déconcertée par la marche prudente de
» nos opérations, elle prit le parti de se débar-
» rasser de nous, d'une maniere ou d'une autre.
» Elle fit publier par ses émissaires que nous
» étions protecteurs déclarés des esclaves &
» des gens de couleur.

» Plusieurs de ses membres ont fait impri-
» mer, publier, colporter dans les cafés, ca-
» barets, tripots de jeu , sur les quais , dans
» les places publiques , des libelles affreux
» contre nous. Le 9 mai , l'avocat d'Augy

» avoit fait la motion de nous embarquer ;
» cette motion fut appuyée par trois autres
» membres. Dans les galeries, des gens sans
» aveu, dévoués à la Faction, disoient qu'il
» feroit bien plus fimple de nous noyer. Le
» dimanche, 25 du même mois, *je fus (le
» citoyen Mirbeck) au moment d'être affaffi-
» né avec le Général* ET M. DE CAMBEFORT,
» *Colonel du Régiment du Cap. Le fignal étoit
» donné : nous dûmes notre falut à la préfence
» d'efprit des aides-de-camp & à la contenance
» ferme des braves militaires, qui fe rangerent
» devant l'hôtel du Général.*

» Le lendemain lundi, à la fuite d'une orgie
» préparée à deffein, la même troupe fe porta
» chez le Général, & le força de fe rendre avec
» elle à la Municipalité, pour y répondre aux ac-
» cufations intentées contre lui. Il fe tranfporta
» avec le cortége affaffin, non pas à la Muni-
» cipalité, mais à l'Affemblée Coloniale, & y
» fubit, jufqu'à deux heures du matin, toutes
» les humiliations, les horreurs & les angoiffes
» qu'il eft poffible d'imaginer. Il fut arrêté
» qu'il feroit embarqué fur le même bâtiment
» qui devoit porter en France les fix nou-
» veaux Commiffaires de l'Affemblée Colo-
» niale, & qu'en attendant, il feroit gardé à

» vue dans la maifon commune. La nuit fut
» très-orageufe. La guerre civile étoit allumée,
» Le défordre paroifîoit à fon comble ».

D'après ce rapport peut-on douter encore,
de la puiffance, des intentions, des manœuvres, des calomnies & des crimes de la *Faction*
qui déchire la Colonie ? On y voit que la
Léopardine communique avec les efclaves révoltés , comme elle a , dès le commencement
des troubles cherché à communiquer avec l'An-
gleterre [1]. On y voit qu'elle a fes agens toujours prêts à foulever le peuple & l'armée;
qu'elle a voué une haîne implacable à tous les
amis de l'ordre public , à tous les dépofitaires
de l'autorité légitime ; & qu'enfin elle fait avec
une adreffe égale dévouer à l'affaffinat & à la
déportation , en chargeant de fes propres
crimes ceux dont les intentions droites & pa-
cifiques ne concourrent point à fes vues.

Une circonftance remarquable dans ce rapport , c'eft que dès-lors cette faction accufoit
les agens du pouvoir-exécutif & les Commiffaires eux-mêmes de connivence avec les révoltés , tandis qu'elle empêchoit ceux-ci de fe
foumettre ; c'eft que dès-lors auffi, n'ayant pu

----

[1] Voyez la piece 24.

faire égorger les Chefs militaires, elle a résolu leur déportation en France, & que, pour opérer l'un ou l'autre, elle a excité une fermentation telle, que ces premiers Commissaires ont été obligé de fuir avec précipitation.

Or, n'est-il pas évident que c'est en agissant toujours sur le même plan qu'elle est enfin parvenue à me rendre victime, ainsi que mes camarades de ses desseins perfides? Eh! qui pourroit encore envisager comme une accusation sérieuse & vraie, celle qui nous a plongés dans les fers! N'y voit-on pas les mêmes inculpations, les mêmes projets & les mêmes moyens employés contre nous?

Comment les Commissaires actuels ont-ils donc pu se laisser égarer? Comment leur bonne-foi a-t-elle été aussi grossièrement surprise? Je suis dispensé de le dire...... D'ailleurs ils ne prouvent aucun fait; &, tout en nous accusant de projets contre-révolutionnaires, dès long-temps combinés, ils n'y croient pas eux-mêmes: ils n'ont entendu aucuns témoins; ils n'ont pas jugé à propos d'apposer les scellés sur nos papiers, ni de nous mettre en état d'arrestation. Ce contraste entre la gravité de leurs accusations & la légèreté de leurs précautions établit cette vérité. On voit que leur

unique objet, en nous renvoyant en France,
a été de satisfaire les Factieux, dans l'inten-
tion, sans doute, de les ramener plus facilement à des voies de conciliation.

Envisagée sous ce rapport, le plus favorable
aux commissaires, notre déportation ne peut
être qu'une mesure politique.

J'arrive maintenant à l'époque fatale de
l'insurrection du 19 octobre.

SECONDE PARTIE.

*Faits postérieurs à l'arrivée des Commissaires
actuels.*

C'EST un fait notoire, que lesnouveaux Commissaires, dès leur arrivée dans la Colonie, au lieu d'en imposer à la Faction Léopardine avec les forces militaires qui les environnoient, se sont rendus accessibles aux plus fougueux de ses membres. Plusieurs fois je leur en ai témoigné ma surprise; ils m'ont toujours répondu
» qu'ils savoientà quoi s'entenir sur le compte
» de ces prétendus patriotes, mais qu'ils étoient
» obligés d'écouter tout le monde; que les
» amis des loix ne devoient point s'en allar-
» mer; & *que, sans me décourager, je devois*
» *rester ferme à mon poste* ».

Cependant le jour n'étoit pas éloigné, où un grand complot devoit éclater, où les commissaires eux-mêmes, dupes de leur confiance, devoient être entraînés par le torrent & se voir forcés de seconder la rage des Factieux, contre ceux qui, jusqu'alors, avoient opposé une barrière insurmontable à leurs entreprises.

Je garantis, sur ma tête, la vérité du récit qui

va fuivre; & les lecteurs attentifs, en le com-
parant à celui dont les Commiffaires ont tiré
leurs inculpations, y démêleront facilement les
altérations de circonftances & les tranfpofi-
tions de faits, qui donnent au leur une forte
de vraifemblance.

Le 4 octobre 1792, les commiffaires ayant
annoncé qu'ils alloient s'occuper de l'exécution de la loi du 4 avril précédent, concernant
les droits politiques des citoyens de couleur,
les Affemblées Coloniales & Provinciales pref-
fentirent leur fuppreffion. L'opinion de la
majorité de la premiere n'étoit plus celle qui
avoit déterminé l'arrêté du 1er juin [1], contre
l'établiffement des Clubs. Le 10 octobre dernier, elle en prit un en leur faveur; il ne fut
pas fanctionné.

Une proclamation des Commiffaires du 12
octobre, fupprima les Affemblées Coloniales &
Provinciales, & fut mife à exécution le 13.

Dès le lendemain un Club fe forme; d'Augy
ex-préfident de l'Affemblée Coloniale & *l'un
des quatre-vingt-cinq*, le préfide : plufieurs
membres des Affemblées diffoutes, des Municipaux, des Officiers de dragons & des vo-

---

[1] Voyez la piece 25.

lontaires, envoyés de France pour contenir & repouffer les brigands, fe rendent à cette Affemblée. On y dreffe une lifte de profcription, qui comprend prefque tous les Officiers militaires & d'adminiftration, ceux du confeil & les plus riches propriétaires. Une députation des foldats du Régiment du Cap & des dragons du feizième, qui venoient de fceller leur réconciliation, le verre à la main, eft admife à ce Club; on les preffe d'adhérer à cette lifte. Le foir un Officier du Régiment du Cap eft infulté par une multitude qui en fortoit, forçant, le fabre à la main, à figner ces profcriptions & fe livrant aux excès les plus coupables.

Sur le bruit de ces profcriptions, je fis au Général & au Commandant en fecond de la Province, toutes les repréfentations que mon expérience & les malheurs que je prévoyois me fuggérèrent. Le Général en fit part aux Commiffaires, qui répondirent à l'aide-de-camp qu'il leur avoit envoyé : » Nous croyons » les Clubs contraires au bien de la Colonie : » nous penfons que le Gouverneur ne devroit » pas fanctionner l'arrêté de l'Affemblée qui » les autorife; mais nous avouons en même- » temps, que s'il s'y refufe, il fe compro- » mettra perfonnellement. «

J'étois chez le Gouvverneur lorfque l'aide-de-camp lui rapporta cette réponfe.

Cette fanction ne fut pas accordée & cependant le Club continua fes féances. Le nombre des profcrits augmenta ; les habitans, les citoyens alarmés fe rendirent chez le Général ; ils lui témoignèrent leurs craintes , le fupplièrent de voir les Commiffaires ; & de les engager à fe fervir de leur autorité, pour diffoudre une pareille Affemblée.

Le Gouverneur fe rendit à la Commiffion : après une longue conférence, les Commiffaires fe déterminerent à fufpendre les féances du Club. L'un deux , Sonthonax , s'y rendit à neuf heures du foir ; & , malgré les réclamations & un difcours violent de l'Archevêque-Thibaud , *autre quatre-vingt-cinq*, Il en prononça la diffolution. Le Gouverneur fut l'annoncer dans les Caferues aux foldats de garde : les citoyens refpirèrent, mais les agitateurs ne s'endormirent pas.

Le lendemain la Municipalité fait battre un Ban : on publia que la patrie & la ville étoient en danger ; on invita tous les citoyens à s'affembler dans l'Eglife Paroiffiale, pour prendre des mefures de fûreté. Les troupes furentconfignées aux Cazernes. L'Affemblée fe tînt à quatre heures : la place d'armes se couvrit d'hommes armés, qui s'emparèrent de la pièce de canon ; on insulta les patrouilles des Gardes-nationales-à-cheval ; les cris augmentèrent ; le tumulte étoit à son comble ; les citoyens & les Officiers des troupes de ligne se réunirent auprès du Gouverneur, que le Capitaine-Général, escorté de douze dragons, entretenoit alors sur le Champ-de-Mars.

Les Municipaux se rendirent sur cette place ; ils demandèrent à entrer aux Cazernes, & sommerent les troupes de quitter les armes. Ils n'y trouvèrent qu'un piquet de vingt hommes de chaque Régiment qui exécuta cet ordre aussi-tôt. Mais le bataillon de l'Aisne, qu'à leur grand étonnement & au nôtre, ils trouvèrent en entier sous les armes, leur déclara au contraire qu'il ne les poseroit que *par ordre des commissaires, qui leur avoient donné celui de les prendre.*

Quelques citoyens, entr'autres Cairou & Lachaise [1], l'un des plus ardens ennemis du pouvoir-exécutif, succedèrent aux Officiers

---

[1] Voyez la lettre de Lachaise, insérée dans les Annales patriotiques de Baillot, n°. 33, page 10, piece 23. Voyez aussi la piece 26.

Municipaux, pour s'aſſûrer s'il exiſtoit un raſ-
ſemblement armé ; çe ne fut qu'à leur retour
que celui qui s'étoit formé ſur la place d'armes
ſe ſépara, en ſe donnant parole pour le lendemain à quatre heures du matin.

La nuit du 18 fut tranquille. Le 19, à ſept
heures du matin, on battit la Générale. Les
Commiſſaires, à qui j'en fis demander le motif,
me firent répondre qu'elle étoit *inconſtitutio-*
nelle & qu'ils alloient la faire ceſſer.

Un piquet de grenadiers ſoutenoit les tam
bours qui étoient armés de piſtolets, & for-
çoit les citoyens étonnés de ſortir & de
s'armer. Le Capitaine-général & Brocas, officier Municipal, voulurent les faire ceſſer de
battre. Le premier ne fut pas écouté, le ſecond
reçut des injures & des coups pour réponſe.

A huit heures je reçus un ordre direct des
Commiſſaires, pour me rendre auprès d'eux.
J'en rendis compte au Général ; il m'ordonna
les arrêts & je m'y rendis.

Sur l'avis qu'il reçut qu'on ſe portoit en
foule à l'arſenal, il ordonna d'y envoyer un
renfort ; il arriva trop tard : l'arſenal étoit
déjà forcé. Lachaiſe, Ergo, Verneuil &
Borel avoient conduit les ſéditieux. Une pièce
de huit, deux de quatre, & une de deux

avoient été enlevées. On se préparoit à marcher contre nous.

Les troupes de ligne reçurent l'ordre de se porter au Champ-de-Mars; le Régiment du Cap s'y rendit. Pour ne laisser aucun doute sur mes intentions, je conseillai au Lieutenant-Colonel Tousard de faire démonter les deux pièces de canon de mon Régiment, qui étoient placées dans la cour des Cazernes, ce qui fut exécuté.

Une nouvelle réquisition des Commissaires m'ordonna de me rendre à bord de l'Eole : les soldats du Régiment du Cap, alors en bataille sur le Champ-de-Mars, en étant instruits, déclarèrent qu'ils vouloient tous être embarqués. Le Lieutenant - Colonel Tousard en rendit compte au Général. Celui-ci vint parler au Régiment qui parut persévérer dans cette résolution. Tout ce qui portoit notre uniforme couroit les plus grands risques; néanmoins Tousard se rendit chez les Commissaires; il leur fit part de ce qui se passoit, & les conjura de remédier aux maux qui s'annonçoient. Il leur rappella l'assassinat de Mauduit, & finit par les engager à se transporter sur le Champ-de-Mars.

Le Commissaire Sonthonax y vint. Après

avoir parlé infructueufement au Régiment, il lui donna l'ordre d'attendre ceux de la Commiffion.

Les Officiers Municipaux (Picard & Domergue) reçurent de la part du Régiment les mêmes déclarations. Toufard voyant qu'on faifoit dépendre la paix & la tranquillité de la ville du Cap de la rentrée des troupes de ligne, leur déclara qu'il alloit en donner l'ordre. Ces deux citoyens eftimables l'embrafferent les larmes aux yeux, & lui dirent qu'il fauvoit la ville. A la vue de cette fcène attendriffante toutes les troupes rentrerent.

Mais dans le même inftant on annonça que quatre colonnes de troupes, aux ordres des Factieux, montoient avec du canon. Les gardes nationales à cheval fe retirèrent fur le Champ-de-Mars. Les deux Régimens fortirent de nouveau, & Toufard dit à Beaumont, commandant du bataillon de l'Aifne : « On marche fur » nous avec de l'artillerie; vous avez été té- » moin de notre conduite, & cependant vous » voyez comme on en agit; je vous laiffe » maître des Cazernes. » Beaumont ne répondit *que par une révérence.*

Les Commiffaires difent au contraire, ce qui n'eft pas conforme à la vérité : « qu'alors

» Toufard harangua le Commandant & les
» Officiers des gardes nationales du départe-
» ment de l'Aifne, pour les engager à épou-
» fer la querelle de M. de Cambefort, contre
» les citoyens du Cap, & que *la réponfe*
» *ferme & fage du Commandant* & des Of-
» ficiers ne lui laiffa aucun efpoir de les éga-
» rer ni de les corrompre.

Nous ne pouvons oppofer à cette affertion
erronée, que le récit exact qui vient d'être
donné, & dont Toufard fe rend refponfable.

Le quatre-vingt-douzieme égiment Rprit
pofte à la porte des Cafernes, celui du Cap fe
remit en bataille fur le Champ-de-Mars. On fit
affeoir par terre la plus grande partie des foldats
devant les canons placés à l'entrée des rues ; on
les braquoit alors fur leur Lieutenantc-Colonel
& Lamaronierepremier Capitaine, qui, placés à
leur embouchure, s'efforçoient de fe faire en-
tendre. Les deux mêmes Municipaux fe réunirent à eux. L'ordre feul des Commiffaires d'embarquer le Régiment parut appaifer la multitude. Le régiment rentra. En paffant devant la
derniere de ces quatre colonnes, Lachaife,
qui la commandoit, donna à Toufard le bai-
fer de paix, en l'affurant que les citoyens
étoient maintenant amis du Régiment.

A peine étoit-il rentré, que le Champ-de-Mars fe trouva couvert de troupes; on braqua les canons fur le Gouvernement & fur ma maifon.

On donna l'ordre de partir pour quatre heures & demie. Dès trois heures & demie les murmures, les impatiences augmentèrent; les canonniers menaçèrent de mettre le feu aux pièces, fi, dans dix minutes, le Régiment ne partoit pas. Chacun s'apprêtoit; les foldats demandoient jufqu'au lendemain matin pour raffembler leurs effets. On fut obligé d'avancer le rappel de plus d'une heure; alors il ne fe trouva autour de moi qu'une partie des Officiers, quelques fous-officiers & foldats. Le Commiffaire Polverel, prévenu fans doute, parut à la porte des Cazernes [1] : il étoit accompagné d'Officiers Municipaux; étonné de voir ma femme, décidée à me fuivre, il chercha à l'en diffuader en lui difant : « Reftez,

____

[1] On voudra bien remarquer que ma maifon étoit aux Cafernes. Ce fait détruit une des inculpations les plus graves des Commiffaires, qui, foit par ignorance ou autrement, m'accufent de m'être retranché dans les Cafernes, lorfque je fus configné chez moi par le Général. J'étois bien en effet chez moi.

» Madame, ceci n'eſt qu'une effervefcence
» populaire, qui n'aura pas de ſuite ; il eſt poſ-
» ſible que votre mari débarque demain. »
Elle lui répondit qu'elle étoit réſolue à me ſuivre
par tout où l'on me conduiroit. Il nous accom-
pagna, ainſi que les deux Officiers Municipaux, juſqu'à l'*Arcon*, deſtiné à nous porter ſur
l'*Éole*.

C'eſt alors que commença une ſcene atroce.
La cale, le rivage, la batterie, les autres em-
barcations ſont remplies d'hommes armés ; les
cris, les vociférations, les inſultes, les me-
naces, les fuſils préſentés ſur la poitrine des
Officiers, la demande de leurs armes, les canons qu'on avoit fait ſuivre, enfin ſept à huit
mille hommes pour en embarquer une quaran-
taine ; tout fit croire que le Chef & ceux qui,
par devoir, par honneur & obéiſſance envers
les Commiſſaires, l'avoient ſuivi, alloient être
autant de victimes. On demanda avec le même
tumulte que nous fuſſions conduits à bord de
l'*América*. Cette demande fut acceptée, ſans
aucunes repréſentations, par des hommes qui
regardoient comme peu important le choix du
lieu dans lequel ils s'attendoient à être ſacrifiés.

On nous conduiſit à bord de ce vaiſſeau.
Nous reſtâmes en rade dix jours, pendant

lefquels on nous a laiſſé la liberté de recevoir nos amis & de leur écrire. Cambis, Commandant du dernier convoi, vint de la part des Commiſſaires, nous donner la liſte des bâtimens prêts à faire voile. Le 27, il fut remis à chacun de nous, par un Officier de ſon bord, un extrait du procès - verbal ou arrêté des Commiſſaires; cet ordre nous-accordoit *un mois de délai* du moment de notre arrivée en France, pour nous rendre à la Convention Nationale, & déclaroit *que nous n'étions pas en état d'arreſtation.*

Je paſſe ſous ſilence les traitemens humilians & rigoureux, que nous avons éprouvés à notre débarquement & à notre arrivée à Paris.

J'ai paru à la Convention le 24 décembre, j'y ai ſubi mon interrogatoire. Le Lieutenant-Colonel Touſard & les autres Officiers ont été entendus au comité Colonial, de là transférés à l'Abbaye où nous ſommes encore.

TROISIEME PARTIE.

Réflexions sur l'arrêté des Commissaires, &
sur leur lettre à la Convention nationale.

L'ACCUSATION dirigée contre nous, est renfermée dans deux pièces différentes.

La premiere est un arrêté du 22 octobre 1792, qui nous suspend de nos fonctions & nous déporte de la Colonies.

La seconde est une lettre missive des Commissaires à la Convention nationale.

Les faits posés par les Commissaires, sont:
» 1°. Que j'étois *soupçonné* généralement
» dans la Colonie, de complots contre-ré-
» volutionnaires & d'intelligences criminelles
» avec les esclaves révoltés.

» 2°. Que le Lieutenant-Colonel Tousard
» partageoit avec moi les mêmes *soupçons.*

» 3°. Que plusieurs déclarations faites à
» différens corps populaires, & à divers
» tribunaux, viennent à l'appui de ce dernier
» *soupçon.*

» 4°. Enfin, que le premier paroît con-
» firmé par l'habitude où j'étois de confer-
» ver le titre de Baron, profcrit par la loi,
» & de ne jamais porter la coearde natio-
» nale ».

Dans la lettre des Commiffaires, piece auffi ridicule qu'infenfée, on revient fur ces prétendues connivences avec les révoltés ; on n'en parle plus comme d'un *foupçon*, mais comme *d'un fait d'une vérité évidente*.

On y obferve que les efclaves font décorés des Ordres militaires ; qu'ils invoquent fans ceffe le nom du ci-devant Roi ; que les Chefs militaires peuvent aller impunément dans leurs camps.

Ces impoftures font bien abfurdes !

Il réfulte des faits hiftoriques rapportés dans ce Mémoire fur ma conduite civile & militaire à Saint-Domingue, depuis que la révolution françaife y a jeté fa premiere racine,

Que j'ai toujours été le plus fcrupuleux obfervateur des décrets (1);

______

(1) *Voyez* les pieces 28, 29, 30, 31, 32 & 33.

Que mon patriotisme s'y est déployé dans toutes les occasions & sous tous les rapports, sans hypocrisie, sans qu'il soit permis de douter de leur sincérité ;

Que depuis la révolte des négres, le Régiment du Cap, que je commandois, a soutenu cette guerre avec un courage, une intrépidité, une volonté dont il n'y a pas d'exemple : aussi a-t-il été réduit en moins d'un an, & quoiqu'acclimaté, à un tiers de sa force (1) ;

Que nous avons tous, collectivement & individuellement, un droit incontestable & sacré à la reconnoissance publique ;

Qu'à moi Colonel, il m'en coûte la plus grande partie de ma fortune (2), pour avoir été chargé de l'honorable mission de faire respecter les loix, de faire respecter les propriétés, de conserver les intérêts du com-

____

(1) *Voyez* la piece 34.

(2) Il me seroit facile de prouver cette vérité, par la seule énumération des sommes que j'ai fait venir à Saint-Domingue, & dont je terminerois le tableau par un emprunt de 50,000 liv. que j'ai été obligé de faire en quittant cette Colonie.

merce & les rapports de la France, avec la plus belle, comme la plus riche Colonie du monde;

Que mes paroles, mes actions, mes écrits, mes démarches, n'ont jamais eu d'autre but.

Et c'est d'après cette conduite si pure & si désintéressée, que nous sommes *soupçonnés* d'avoir été d'intelligence avec les négres révoltés, pour opérer, par leur moyen, l'indépendance de la Colonie, ou, ce qui est plus absurde encore, pour y rétablir l'ancien régime !

Mais si les Commissaires avoient eu sur ces manœuvres, sur ces projets, des notions certaines, nous auroient-ils laissé notre liberté ? N'auroient-ils pas fait apposer les scellés sur nos demeures ? Auroient-ils négligé de prendre connoissance de nos papiers, pour y chercher les traces de ces prétendus complots ? Au lieu de se servir d'expressions vagues & le plus souvent vuides de sens, ne nous auroient-ils pas opposé des faits & des pieces d'une évidence frappante ? N'indiqueroient-ils pas les témoins prêts à déposer contre nous? Ils n'ont rien fait de tout cela. Ne devons-nous pas en conclure qu'il n'y a, dans ces odieuses inculpations, ni *cette évidence* dont ils parlent dans leur lettre à la Convention, ni même *ce soupçon*, tant de fois répété, sur lequel ils ont motivé leurs suspensions & leurs déportations.

J'ai fait connoître les causes de la haine des nègres contre les blancs, & de leur attachement *apparent* aux actes directement émanés des autorités de la Mere-Patrie. Ils connoissoient la *Déclaration des Droits* & tous les décrets favorables aux hommes qui veulent secouer le joug de l'esclavage. Ils y voyoient le nom du premier fonctionnaire public; la marche des autorités constituées de Saint-Domingue, & sur-tout les prétentions de ses habitans leur paroissoit être en opposition avec les loix adoptées avec enthousiasme par toute la France. Il étoit donc naturel qu'ils invoquassent le nom du *Roi*, & abhorrassent tout autre que le sien; mais ce n'étoit pas dans le sens qui a servi de prétexte aux inculpations absurdes qui nous ont été faites.

Qu'on fe donne la peine de lire deux lettres écrites (1) par les Chefs des révoltés à
l'Affemblée Coloniale de Saint-Domingue &
aux Commiffaires civils, on y verra que ce
n'étoit *ni l'ancien régime , ni la Royauté
qu'ils vouloient, mais la liberté & toute la
liberté réfultante de la Déclaration des
Droits*.

En fuppofant aux Chefs civils & militaires
de Saint-Domingue des *fentimens Royaliftes
&* des *projets de contre-révolution*, étoit-il
poffible qu'ils fe ferviffent d'hommes qui ne
fongeoient qu'à conquérir la liberté la plus
étendue.

Quant à l'induction que l'on tire des Dé-
corations militaires dont fe parent les révoltés, hélas ! il n'a pas tenu à nous qu'ils ne
fe décoraffent auffi des nôtres. C'eft fur les
cadavres de nos braves compagnons d'armes
qu'ils ont enlevé ces marques honorables! Ils
s'en fervent à-la-fois comme de trophées &
comme des parures qui flattent les yeux de
tout peuple barbare. Mais, nous dit-on, ils
connoiffent la tactique, ils ne peuvent l'a-

---

(1) *Voyez* les pieces 1 & 2.

voir apprife que de vous ? Certes , nous leur en avons donné de fortes leçons , & nous ofons nous en faire gloire.

Par-tout & fans ceffe nous les avons atta-qués pourfuivis , battus & détruits. Nos victoires ont été confignées dans tous les papiers publics de la Colonie ; elles nous ont mérité les plus touchans hommages , & les regiftres des corps populaires en contiennent d'honorables mentions (1).

Mais qu'on cite une feule circonftance où les révoltés aient pris de nous des leçons de tactique , données par bienveillance ; ils nous ont fait des prifonniers , & parmi ces révol-tés il exifte des *meneurs*, venus d'Europe dans le deffein de bouleverfer la Colonie. Comment donc attribuer à des Chefs , dont la conduite eft foumife à la furveillance de tous les citoyens , de prétendues inftructions qui peuvent être l'ouvrage d'émiffaires étran-gers ou d'ennemis domeftiques ?

____

(1) *Voyez* à ce fujet les pieces dépofées au Comité colonial , & les journaux des débats de l'Affemblée coloniale.

On voit que ces *foupçons* de *contre-révolution* & *d'intelligences* avec les révoltés font dénués de toute vraifemblance ; il émanent évidemment de cette *Faction* criminelle qui les avoit auffi répandues fur les premiers Commiffaires (1) délégués à Saint-Domingue, tandis qu'elle infinuoit aux révoltés même qu'ils feroient exterminés par eux, s'ils fe laiffoient jamais défarmer ; de cette *Faction* enfin qui correfpond à-la-fois avec les ennemis intérieurs & ceux du dehors, & dont l'art perfide confifte à accufer de fes propres crimes les dépofitaires & les foutiens de l'ordre public.

Je n'ajouterai plus qu'un mot fur les *foupçons* répandus *fur mes intentions*. Depuis 1789, jufqu'après l'arrivée des Commiffaires actuels, je n'avois pas ceffé d'être l'objet de la reconnoiffance, &, je fuis forcé de le dire, de l'admiration des Colons (2). Et c'eft ici le cas d'affirmer fur mon honneur, que pen-

---

(1) Voyez leur rapport.

(2) Pieces 3, 4, 5, 6, 7 & 8. *Voyez* en outre la lettres qu'ils m'écrivirent dans un moment où l'on craignait que je ne m'abfentaffe.

dant ce laps de tems, je n'ai jamais eu de re-lations ni directes ni indirectes avec aucun *émigré.*

J'affirme pareillement n'en avoir eu aucunes avec les Isles-du-vent depuis plus de dix-huit mois; je n'y ai écrit qu'une ou deux lettres pour mes affaires personnelles, & ce n'est que par la voix publique que j'ai connu ce qui s'est passé à la Martinique & à la Guadeloupe. Je crois devoir imprimer ces particularités, parce qu'étant assuré qu'il ne peut s'élever personne pour en contester la vérité, leur publicité doit leur donner un grand poids.

J'ai conservé, dit-on, le titre de Baron !

C'est une autre imposture à laquelle je crois suffisant de répondre par une formule im-primée (1). Je multiplierai à cet égard les preuves autant qu'on le désirera.

Les Commissaires m'accusent encore d'a-voir montré de la répugnance à arborer la cocarde tricolore ; ils citent une circonstance où, s'il faut les en croire, j'ai éprouvé, à ce sujet, quelques désagrémens.

______

(1) *Voyez* la piece 27.

J'ai démontré dans mon interrogatoire la fauſſeté de cette double accuſation : c'eſt moi qui ai porté le premier ce ſigne de la liberté dans la Colonie , qui l'ai diſtribué aux Officiers & aux ſoldats ; c'eſt mon exemple qui l'ai fait porter par tous les citoyens dans les parties du Nord , du Sud & de l'Oueſt ; & c'eſt à mon empreſſement à adopter ce ſigne révolutionnaire que je dois les cravattes tricolores qui décorent les drapeaux du Regiment que je commandois , & qui me furent données par l'autorité civile , avec la plus grande ſolemnité. Enfin , ce brave & incorruptible Régiment, qu'on s'eſt permis d'envelopper dans ces révoltantes accuſations, s'eſt conſtamment montré le ſoutien de la révolution & l'ami des citoyens & des volontaires qui ont bravé les rigueurs de la traverſée & d'un climat meurtrier pour venir l'y ſoutenir.

Dois-je réfuter auſſi les reproches qui me font faits au ſujet des mes diſcuſſions polémiques ? de l'importance que je mettois aux diſſentions entre les différens corps militaires & des conſéquences perfides que l'on en tire pour m'accuſer d'avoir voulu les tenir dans un état de division , lorsque je n'ai jamais employé, que pour les réunir , l'autorité qui m'étoit confiée.

Ces accusations font tellement opposées à mon caractère, à mes principes connus, à ma conduite, que des factieux outrés pouvoient seuls entreprendre de les suggérer à des Commissaires qui , n'étant que depuis un mois dans la Colonie, n'avoient eu le tems, ni trouvé les occasions de distinguer les partis divers, les opinions divergentes, le jeu des passions & les intérêts opposés, bien moins encore les vues & la marche des chefs militaires & celles de leurs ennemis naturels.

Au surplus, je dois me référer encore, sur ce point, à mes réponses à la Convention nationale & aux pièces justificatives citée dans ce Mémoire , parmi lesquelles sont rangés ces mêmes écrits (1).

Ils m'ont fait un crime sur le *mode de répartition des troupes*; ils le font aussi à Desparbès , Gouverneur Général de Saint-Do-

______

(1) *Voyez* les pieces 36 & 37.

mingue.

mingue. J'ai répondu fur cela d'une manière précife à la convention; il me paroît fuffi-fant de renvoyer à mon interrogatoire. Je rappellerai feulement ici que, dans le mémoire de Defparbès, on lit, page 8 : » que cette
» accufation ne peut le concerner, puifque
» c'eft l'ancien Goüverneur de Saint-Domin-
» gue que le Miniftre de la Marine avoit fpé-
» cialement chargé du travail de cette répar-
» tition ; qu'au furplus, l'utilité publique
» exigeoit impérieufement la rapidité avec
» laquelle elle a été faite, & dont fe plai-
» gnent les Commiffaires ; qu'il eft faux qu'elle
» l'ait été à leur infçu, puifqu'il leur en
» tranfinit le tableau, quoique d'après les
» loix militaires, la nature de leurs fonctions
» & leur aveu même, configné dans une de
» leurs lettres en date du 30 feptembre der-
» nier, cette répartition ne les concernât
» pas ; qu'il eft également faux de dire qu'au-
» cun bataillon ne fut établi dans la ville du
» Cap, puifque la garnifon de cette ville fut
» fortifiée de 200 dragons, & que la réponfe
» des commiffaires, du 30 feptembre, prouve
» que Defparbès avoit laiffé à leur choix le
» bataillon de gardes nationales qui devoit

» féjourner au Cap ; enfin, qu'à l'arrivée du
» bataillon de l'Aifne, il avoit faifi l'occa-
» fion de fatisfaire à leurs vœux ». On voit par
cette citation que les reproches des Commiffaires font mal fondés ; j'en ai donné d'autres motifs encore dans mon interrogatoire ;
mais ils feroient bien placés qu'ils ne pour-
roient retomber fur moi.

Il me refte encore à repouffer deux accufa-
tions qui peuvent paroître plus directes que
celles-ci.

Les Commiffaires difent que j'ai été la pre-
mière caufe des troubles qui ont agité la ville
du Cap le 19 octobre , & ils en donnent pour
motifs ma défobéiffance à l'ordre qu'ils m'a-
voient, *directement* donné de me rendre par
devers eux, pour y refter fous la fauve-garde
de la loi , & la réfiftance que j'ai apportée
à exécuter celui de mon *embarquement prov.-*
foire fur le vaiffeau l'Eole.

Quant à ma prétendue défobéiffance au
mandat par devers eux, j'ai obfervé, dans mes
réponfes à la Convention , que les ordres des
Commiffaires ne pouvoient me parvenir régu-
liérement que par la voie de mon Chef, &

que ce dernier m'ayant mis aux arrêts dans ma maison *placée dans les casernes*, j'avois été obligé de me soumettre à cet ordre. Desparbès, mon chef, a d'ailleurs justifié les ordres qu'il m'a donnés en démontrant que l'exécution de celui des Commissaires eût entraîné dans cette circonstance les plus grands malheurs.

Au sujet de la résistance qu'on dit que j'ai apportée à l'ordre de mon embarquement, on a vu dans le récit de tout ce qui s'est passé le 19 octobre, & qui a été mis dans ce Mémoire en opposition avec les assertions des Commissaires, qu'il m'étoit impossible de pousser plus loin l'obéissance & la résignation.

Comment donc pourrois-je avoir été la cause ou l'objet des agitations de cette journée ? qu'on s'attache au récit simple & vrai que nous en avons présenté, & l'on reconnoîtra qu'il a fallu toute ma prudence, mon désintéressement & mon activité infatigable pour déjouer, jusqu'à ce moment, ce projet des ambitieux & des intrigans que j'étois certain de faire échouer encore, sans mon obéissance passive à ces mêmes ordres des Commissaires. Ce sont eux qu'il faut plaindre de l'ignorance ou de l'aveuglement dans lequel ils font reſtés plongés, au milieu des orages qui les environnoient ; & plus encore la Colonie abandonnée maintenaut à toutes les fureurs d'une faction bien formidable, puiſqu'elle eſt parvenue à ſubjuguer juſqu'aux délégués du Pouvoir Exécutif, envoyés pour rétablir dans cette Iſle les loix & la paix qui en ſont bannies, depuis le départ forcé des premiers Commiſſaires.

J'oſe invoquer ici l'opinion véritable de nos accuſateurs même ; c'eſt contre leur vœu qu'ils ont prononcé notre éloignement, & cependant ils cherchent à le juſtifier par l'aſſentiment général. Ils n'eurent jamais que celui de quelques Factieux & de leurs agens, auxquels ont pu ſe mêler momentanément des gens ſéduits ou corrompus. En quittant Saint-Domingue, le ſentiment qui m'a le plus pénétré, a été celui d'une profonde douleur, d'abandonner une Colonie, à laquelle j'avois fait les plus grands ſacrifices, & au ſalut de laquelle je me croyois encore utile, je dirai plus, abſolument néceſſaire.

Je me plais toutefois à rendre aux commiſfaires la justice que je crois leur être due ; s'ils ont été subjugués par une Faction puissante ; s'ils ont cru devoir céder au torrent créé par elle ; si, comme mesure politique, ils ont cru notre embarquement nécessaire au repos de la Colonie ; si, dans l'ignorance des causes & des effets de la révolution coloniale & des mouvemens tumultueux qu'ils ont vu naître, ils ont cru devoir se rendre aux inspirations des ennemis de l'ordre, & rédiger en forme d'accusation tous les lieux communs dont les Factieux s'étoient servis jusqu'alors, non-seulement contre nous, mais encore contre les premiers Commissaires, qu'ils avoient chassés ; du moins ceux-ci se sont-ils contentés de renfermer leur animadversion factice dans des écrits, & nous ont laissé jouir de tous les avantages que les circonstances sembloient permettre ; de tous ceux qui pouvoient s'accorder avec leur conviction intime & la sévérité apparente que leur prescrivoit l'orage politique qui menaçoit la Colonie.

Ainsi donc, en nous accusant de projets contre-révolutionnaires, de désobéissance, de manœuvres anti-patriotiques, en un mot, de tous les élemens dont se composent les délits majeurs, ils nous ont laissés libres de voir nos amis & de mettre ordre à nos affaires, pendant dix jours que nous avons été retenus en rade ; ils n'ont pas jugé nécessaire de mettre les scellés sur nos papiers ; ils ne nous ont pas fait subir d'interrogatoire ; ils n'ont pas fait d'information, & ne nous ont confrontés à aucuns témoins ; enfin, ils ont déclaré que nous ne serions pas en état d'arrestation, & qu'à dater du jour de notre arrivée en France, nous aurions *un mois* pour nous présenter à la Convention nationale, ensorte que notre emprisonnement est, d'une part, le fruit de la volonté arbitraire des corps administratifs des lieux de notre débarquement, & de l'autre, une mesure de simple précaution de la part des fondateurs augustes de la République française.

Avant de terminer cette discussion, je la réduirai à son dernier terme.

RÉSUMÉ.

Une faction bien connue ; dénoncée à l'assemblée constituante, & réprimée par elle, a bouleverſé la colonie de Saint-Domingue.

Elle a trouvé les chefs & les agens du Pouvoir Exécutif, conſtamment oppoſés à ſes deſſeins ambitieux ; elle a voulu les perdre en les accuſant de ſes propres crimes.

Les commiſſaires envoyés par l'Aſſemblée légiſlative, ont pénétré les vues ſecrètes & les moyens perfides de cette faction ; ils ſe ſont réunis au Pouvoir Exécutif pour la contenir dans les limites de la loi ; mais calomniés par elle, & bientôt menacés de l'aſſaſſinat, ils ont précipitamment abandonné la colonie.

Les nouveaux commiſſaires, inſtruits par le malheur de leurs prédéceſſeurs, crurent devoir marcher ſur un autre plan pour éviter le même ſort ; ils ont écouté, careſſé les Factieux, eſpérant, ſans doute, leur inſpirer l'amour de la paix par l'exemple de la modération ; mais bientôt entraînés eux-mêmes par des mouvemens populaires imprévus, ils ſe ſont vus forcés de nous ſacrifier à nos ennemis ; au milieu de l'orage, ils ont re-

gardé comme une mesure politique de nous
envoyer en France.

Je me suis, ainsi que mes camarades, juf-
tifié de l'accufation dont les prétextes ne
dérobent point les motifs véritables aux ef-
prits éclairés. J'ai indiqué, plutôt que déve-
loppé, nos moyens de défenfe. Je prouve
bien plus encore pour notre innocence, par
les pieces mifes fous les yeux du comité colonial, quoique le pillage de ma maifon
m'ait enlevé les trois quarts de mes papiers.

Mais, indépendamment de ces preuves
convaincantes, que réfulte-t-il de l'accufation
confidérée en elle-même?

On aura peine à concevoir qu'en defcen-
dant fur la terre de la liberté, nous ayons
été chargés de fers & enfevelis dans des
cachots, lorfque les commiffaires nous avoient
renvoyés libres, quoiqu'accufés.

J'ai déja obfervé que l'accufation contient
deux chefs; le premier eft fondé fur le
foupçon d'intelligences & de complots contre-
révolutionnaires; le fecond porte fur la
répartition des troupes, fur des écrits polémiques.

miques, sur des querelles & des opérations militaires.

Un soupçon, toujours indépendant de celui qui en est l'objet, ne peut point lui être imputé à crime; il peut provoquer des mesures de prudence, mais jamais la vengeance de la loi.

Les autres inculpations n'indiquent que de simples délits militaires, dont la connoissance appartient aux cours martiales, mais à cet égard croira-t-on l'accusation sérieuse, en voyant les Commissaires négliger de la faire juger sur les lieux mêmes où ces prétendus délits ont été commis, & nous envoyer à deux mille lieues de-là, loin des témoins qui auroient servi à notre charge ou à notre justification.

Quant aux écrits polémiques, ils consistent en deux lettres écrites par moi aux Commissaires, (1) pour leur indiquer les moyens de sauver la Colonie, lettres que j'ai fait publier parce que les Factieux avoient attribué l'inaction des commissaires sur l'emploi des troupes,

_____

Voyez les pieces 35, 36 & 37.

E

aux conseils qu'ils prétendoient que je leur avois donn's. Ces lettres sont sous les yeux du Comité ; elles sont telles, qu'elles suffiroient seules pour justifier mes intentions & prouver ma sollicitude pour le bonheur de la Colonie.

———————

LÉGISLATEURS ! Peséz ces faits & ces observations dans votre sagesse, & hâtez-vous de faire tomber des mains de l'innocence les chaînes forgées pour le crime, vous rendrez par ce moyen à de vrais Patriotes la justice qui leur est due.

———————

Des Imprimeries des Frères CHAIGNIEAU , rue & aux Petites Écuries de Chartres; rue Mâcon , n°. 9 , près celle Saint-André-des-Arts; & rue des Méneßriers, n°. 17, près celle Saint-Martin.

9 782019 688585